CATALOGUE
D'UNE VENTE D'ESTAMPES ANCIENNES

PAR DES GRAVEURS DE L'ÉCOLE FRANÇAISE ET DE QUELQUES SPÉCIMENS DES GRAVEURS DES AUTRES ÉCOLES,

D'un choix

DE DESSINS DE MAITRES ANCIENS

Provenant du cabinet de

M. R. D***,

HOTEL DES VENTES, PLACE DE LA BOURSE, N° 2, SALLE N° 5, AU 1er,

DONT LA VENTE SE FERA

le lundi 7 avril à midi, pour les dessins, et les mardi 8 et mercredi 9 à six heures du soir, pour les estampes.

Par le ministère de Me DOUCHET, Commissaire-Priseur, rue de Touraine-St-Germain, 1;

EXPOSITION

Le dimanche 6 avril, de midi à quatre heures.

SE DISTRIBUE A PARIS,

Chez DEFER, Marchand d'Estampes, quai Voltaire, 19.

A L'ÉTRANGER,

Chez M. Weigel, à Leipsic.

1845.

AVERTISSEMENT.

Les estampes comprises en ce catalogue sont frappées du timbre de la collection d'où elles proviennent.

En voici l'empreinte : R. D.

L'astérisque * précédant un article, annonce que la pièce dont il s'agit est sous verre.

Les numéros entre deux crochets [ ] se réfèrent au Peintre-Graveur de M. Bartsch.

Les numéros entre parenthèses ( ), se rapportent au Peintre-Graveur français (1).

M. Defer, marchand d'estampes, dirigeant la vente, se charge des commissions de France et de l'Etranger.

ORDRE DE VACATION.

Lundi 7 à midi.

Les dessins.	Supplément.	283
	Catalogue.	282
	Supplément.	284-292
	Catalogue.	192-281

Lundi 7, à six heures du soir.

Estampes.	Supplément.	319-331
	Supplément.	294-304
	Catologue.	1 à 60

Mardi 8, à six heures du soir.

Estampes.	Supplément.	305-318
	Catalogue.	61-121

Mercredi 9, à six heures du soir.

Estampes.	Catalogue.	122-191

Cinq pour cent en sus des enchères.

---

(1) De ce dernier ouvrage, sept volumes ont déjà paru; le huitième sera mis sous presse à la fin de 1845. Prix : 6 fr. le volume, chez DEFER.

CATALOGUE

D'UNE

COLLECTION D'ESTAMPES

ET

DE DESSINS D'ANCIENS MAITRES.

Estampes.

AMATO (FRANÇOIS).

1. L'enfant prodigue [5]. *Belle.*

Angeli (Jean-Baptiste d'), surnommé *Torbido del Moro.*

Les quatre Saisons [22], 1er état, c'est-à-dire avant la retouche.

AVONT (PIERRE VAN), peintre et graveur flamand qui florissait dans le XVIIe siècle.

2. Trois petits sujets à l'eau-forte, savoir :

I. Enfant penché sur une urne d'où s'échappe un fleuve animé de poissons ; on lit au bas, au milieu : AQVA, et à droite : P. Van Auont n. et ex. cum privilegi. *Hauteur* 0,093 ; *largeur* 0,065.

II. Satyre accroupi entre deux enfants qui s'embrassent et dont l'un tient des raisins. Les initiales P. V. A. retournées, suivies du mot *fe*, se voient à la gauche du bas. *Hauteur* 0,123 ; *largeur* 0,091.

III. Un amour et un enfant, assis sur un nuage, élevant chacun la main gauche. L'inscription précédente, venue à rebours, se voit pareillement à la gauche du bas.

Hauteur 0,124; *largeur* 0,092.

Morceaux difficiles à rencontrer.

BADOLOCCHIO (Sixte Rosa, dit)

3. La Sainte-Famille, d'après Schidone [25].

BARROCHE (Frédéric).

La Vierge assise [2] : *copie.* — St-François stigmatisé [3].

BAUR (Vilhem ou Guillaume).

4. Quarante-deux estampes supérieurement gravées à l'eau-forte, représentant des paysages et des batailles.

BELLANGE (Jacques).

5. La Vierge et l'Enfant-Jésus (4) ; 2e état, c'est-à-dire avec l'adresse de Le Blond. — La Vierge et l'Enfant-Jésus (5); 2e état. — La Vierge et l'Enfant-Jésus avec un saint et deux saintes (10); 2e état, c'est-à-dire avec l'adresse de Le Blond. — La Vierge et l'Enfant-Jésus environnés d'une sainte, de deux saints et de deux anges (11); 1er état.

BELLY (Jacques).

6. Vue partielle de la galerie Farnèse (2), grande estampe de deux feuilles; 1er état. — Bacchus et Ariane conduits en triomphe (3); 1er état. — Le triomphe de Galathée (4); 1er état. — Aurore enlevant Céphale (5); 2e état. — Andromède attachée à un rocher pour y être dévorée par un monstre marin (6); 1er état. — Persée changeant en pierres ses ennemis en leur présentant la tête de Méduse (7); 1er état.

7. Pan offrant à Diane la toison d'une chèvre blanche (8); 1er état. — Mercure apportant à Pâris la pomme d'or (9); 1er état. — Polyphème, amoureux de Galathée, lui exprime son amour sur une flûte champêtre (10); 1er état — Polyphème lançant un quartier de rocher pour écraser Acis, son rival (11); 1er état. — Jupiter rallumant son amour

pour Junon qui vient le trouver parée de la ceinture de Vénus (12) ; 1er état. — Diane embrassant Endymion pendant son sommeil (13) ; 1er état. — Hercule jouant du tambour de basque près de sa maîtresse Iole (14) ; 1er état. — Les amours d'Anchise et de Vénus (15) ; 1er état.

8. Jeune fille carressant une licorne (16) ; 1er état. — Apollon enlevant au ciel Hyacinthe (17) ; 1er état. — Ganymède transporté au ciel par l'aigle de Jupiter (18) ; 1er état. — Minerve enseignant à Prométhée le moyen d'animer la statue qu'il a faite (20) ; 1er état. — Hercule combattant le dragon qui gardait le jardin des Hespérides (21) ; 1er état. — Hercule délivrant Prométhée (22) ; 1er état. — Arion se sauvant sur un dauphin (23) ; 1er état. — Diane s'apercevant de la grossesse de Calisto (24) ; 1er état. — Junon montrant à Diane Calisto transformée en ourse (25) ; 1er état. — Mercure donnant une lyre à Apollon (26) ; 2e état. — Vénus portée par un Triton ayant l'Amour en croupe (27) ; 1er état. — La Justice (29) ; 1er état. — La Méditation (30) ; 1er état.

BERGHEM (Nicolas).

9. La paysanne assise sur une pierre [29]. Les deux béliers [32]. Le berger assis sur une pierre [35]. La chèvre debout [36]. Les deux chèvres [37]. La brebis tondue [44]. Le bélier couché [52]. Le jeune bouc vu par derrière [53]. Le bouc couché [54]. La chèvre couchée [55].

BISCAINO (Barthélemi).

10. Sainte-Famille [18]. — Saint Jérôme [34]. — Plus, une Vierge dans le goût du maître.

BLOEMAERT (Corneille).

— Sainte-Famille, d'après Annibal Carrache. *Belle épreuve avec de la marge.*

BOILOT (Joseph).

11. Nouveaux portraits et figures de Termes, suite de

soixante-une estampes gravées en bois et sur cuivre, comprenant le titre, le portrait de l'artiste, des vignettes; 55 termes proprement dits (1—60) et un cul-de-lampe (63). La suite est complète et de belle condition.

BOLOGNÈSE (JEAN-FRANÇOIS GRIMALDI, dit le).

12. L'homme debout près de deux autres assis [21]. Les deux hommes assis sur une butte [23]. Les deux hommes debout près de la femme assise [25]. Les deux hommes descendant dans l'eau [28]. La femme assise sur le bord du chemin [29]. Les deux hommes au sommet de la montagne [31]. Ce morceau rappelle *Onofrio*. Plus, deux copies d'après le maître.

BORZONI (FRANÇOIS), peintre et graveur, né en 1625 à Gênes, où il mourut en 1679.

13. I. Paysage. Deux bergers s'entretiennent à la gauche du devant, en conduisant leur troupeau qui garnit le milieu et partie de la droite de l'estampe. Le fond présente un site rocheux et boisé, et le ciel est chargé de nuages. Morceau sans nom. *Hauteur* 0,350; *largeur* 0,276.

II. Autre paysage présentant à gauche une colline ornée d'un bouquet de moyens et gros arbres dont les cimes atteignent le bord supérieur de l'estampe. En deçà de cette colline, on remarque des personnes qui se dirigent en gesticulant vers un berger et une bergère conduisant leur troupeau. Sur le second plan, à droite, est un berger debout qui garde son troupeau. Le fond est garni de différentes chaînes de montagnes à mi-hauteur, desquelles s'élèvent de riches fabriques. Morceau sans nom. *Hauteur* 0,585, dont 0,014 *de marge blanche; larg.* 0,440.

Les estampes de ce maître, dont le style rappelle *le Castiglione*, sont de la plus grande rareté.

CAMASSÉI (ANDRÉ).

14. La sainte Vierge [2]. *Rare.*

CANUTI (Dominique-Marie).

— La Vierge au rosaire [1]. *Très belle, avec une grand marge.*

CAPITELLI (Bernard).

— Loth et ses filles [1]. Hérodiade recevant dans un plat la tête de saint Jean-Baptiste [2]. — Deux jeunes gens et leurs maîtresses faisant débauche à table [29]. Ce dernier morceau rappelle le Brélan de *Callot*.

CARRACHE (Augustin).

15. Le portrait de Christine de Danemarck [229]. *Superbe épreuve*, signée : *P. Mariette*, 1667.

CRÉMONÈSE (Joseph Caletti, *surnommé le*).

— David portant la tête de Goliath [2].

CAVALLERIIS (Jean-Baptiste de), dessinateur et graveur au burin, florissait en Italie au milieu du XVe. siècle.

16. Vestiges de monuments antiques de Rome. Suite de cinquante pièces chiffrées.

17. Statues antiques de Rome. Suite de cent pièces chiffrées. *Aucun auteur ne parle de ces morceaux.*

DE HOOCH (Karel ou Charles), peintre flamand ou hollandais sur lequel on n'a pas de renseignements, et qui florissait au commencement du XVIIe siècle. Il a gravé à l'eau-forte les paysages ci-après :

18. Un à huit. Suite de huit estampes dans des ronds bordés d'un double trait, et dont les angles sont blancs. Elles ne sont pas chiffrées.

Diamètre des compositions : 0,094 à 0,096

Dimension des planches : 0,105 à 0,110 en tout sens.

On connaît deux états des planches.

I. Avec l'adresse de *Balthazar Moncornet* sur le second morceau de la suite ; c'est celui que nous offrons ici.

II. Avec l'adresse de *Gallays* sur tous. Ces adresses sont au-dessous des compositions.

(1) Une rivière se précipite au milieu du devant ; ses rives sont formées de chaque côté, savoir : à gauche, d'une montagne que surmonte une habitation environnée d'arbres, et à l'opposite, d'un rocher couronné de plantes grimpantes. Sur un bloc de pierre baigné par la rivière, vers le milieu du bas, sont les initiales C. D. H. F., sous lesquelles est le millésime 1626, dont les trois derniers chiffres sont venus à rebours *.

(2) Vestiges de monuments romains. Le moins délabré de ces monuments occupe la gauche, et sa sommité est crénelée. Vers le milieu du devant sont quatre hommes sur un chemin, dont un est assis. Les initiales du maître, C. D. H. suivies d'un F, abréviation de *fecit*, se voient sur une pierre à gauche, vers le bas. On lit au-dessous de la bordure : *Baltazar Moncornet*, *excudit*, 1626.

(3) Le fond de la gauche de ce morceau présente une haute montagne peu boisée dont le pied est baigné par une rivière dont les eaux garnissent le bas de l'estampe, où, à droite sur le premier plan, s'élève un tronc d'arbrisseau garni de quelques rameaux.

(4) Un pont de bois traverse une rivière coulant au milieu du bas, et dont les rives escarpées sont garnies de fabriques avec des plantations. Une croix de bois s'élève sur la déclivité du sol, à gauche, et un grand arbre, dont la cime garnit le milieu de l'estampe, couronne une petite colline occupant le milieu de la composition, vers le bas, et au pied de laquelle sont deux hommes marchant de compagnie.

(*) Brulliot, 2e vol., n° 323, en citant ces initiales, qu'il n'a pas correctement rapportées, annonce qu'il n'avait pas découvert le nom qu'elles cachaient. Plus heureux que lui, nous le faisons connaître.

(5) Une chapelle précédée d'une croix occupe la gauche de ce morceau, en face de laquelle on remarque deux hommes, l'un assis, l'autre debout sur une colline s'élevant à droite.

(6) Un pont de pierre de deux arches, sur lequel s'élève un petit pavillon percé de plusieurs fenêtres, se voit à gauche sur une rivière coulant au milieu du bas, et dont il unit les rives. Un paysan, précédé de sa monture, s'apprête à la franchir à droite.

(7) Homme et femme sont à la droite du bas sur un chemin conduisant à une montagne dont le sommet est boisé, et au pied de laquelle coule une rivière.

(8) Une large rivière occupe le milieu de ce morceau, traversée au fond par un pont de pierre de six arches. Elle est bordée à gauche par une montagne à pic, garnie de quelques fabriques. A droite, vers le bas, un homme et une femme s'entretiennent sur un chemin bordé d'arbres et d'arbrisseaux.

(9 à 14) Suite de six estampes ovales en largeur, bordées d'un filet simple, et dont les angles sont blancs. Elles ne sont pas chiffrées. Deux seulement portent des inscriptions que nous ferons connaître.

Dimension des compositions. *Largeur* 0,076 à 0,079; *hauteur* 0,062 à 0,063.

Et des planches: *Largeur* 0,084 à 0,088; *hauteur* 0,072 à 0,078.

(9) On remarque au milieu de l'estampe, vers le bas, plusieurs dames de distinction accompagnées d'un musicien jouant de la guitare, se dirigeant à gauche où se voit une pièce d'eau. Au pied d'un grand arbre isolé s'élevant à droite, vers le fond, est un tireur d'arc accompagné d'une dame.

(10) Plusieurs hommes sont attablés au devant d'une hôtellerie existant à gauche, et dont l'hôtesse se voit sur le

pas de la porte. Un pont de bois de deux arches conduit à cette hôtellerie.

(11) Un tronc d'arbre creux, et pourtant garni de quelques rameaux, s'élève au milieu de ce morceau, où, dans le lointain, à gauche, on remarque deux personnes suivies d'un chien. On lit au-dessous de la composition, au milieu : *M. V. Loc. excud.* (pour *Michel Van Lochon excudit*).

(12) Un pont de pierre d'une seule arche se remarque au milieu du bas de cette estampe, qui offre de chaque côté, sur le second plan, des habitations environnées de plantations.

(13) Vue d'un pays par un temps de gelée, offrant à gauche une maison environnée d'arbres, au milieu et à droite, une rivière glacée sur laquelle sont des patineurs et un homme poussant un traîneau devant lui. On lit dans l'angle bas de la gauche : *M. Van. Lod. excud.*, inscription qui revient à celle du n° 11.

(14) Le petit hameau. Le bas de ce morceau est formé par un tertre d'où s'élèvent à gauche quelques arbres et arbustes. Le fond présente plusieurs habitations environnées de plantations, au devant desquelles on remarque deux couples de figures.

Deux marines dans des ovales en largeur, bordées d'un simple filet et dont les angles sont blancs. Elles ne sont pas chiffrées.

Dimensions des compositions : *Largeur* 0,087, *hauteur* 0,066.

Et des planches : *Largeur* 0,120 ; *hauteur* 0,080.

(15) Vue de mer par un gros temps. On remarque vers la droite un vaisseau à trois mâts battu par la tempête.

(16) L'incendie d'un vaisseau. Des embarcations légères remplies de matelots et d'autres personnes, garnissent le devant de ce morceau où, au fond, vers la gauche, on remarque un vaisseau devenu la proie des flammes. Des

spectateurs du sinistre se voient sur le rivage à la droite de l'estampe.

(17 à 27) Suite de onze estampes rectangulaires, non chiffrées.

(17) Cartouche orné au milieu de l'écusson de France couronné, adossé aux trompettes de la Renommée. Un ange est assis à chaque angle. Le champ de ce cartouche offre un paysage animé à droite de trois figures, parmi lesquelles on distingue un dessinateur assis. Une maisonnette sur pilotis s'élève à l'opposite, vers le fond. On lit dans un petit cartouche, au milieu du bas : *Carol. D. Loech. inuentor. Baltasar. Moncornet. excud. Largeur* 0,089; *hauteur* 0,076.

(18) Les ruines. Un bâtiment délabré, dont on n'aperçoit qu'une arcade entière, occupe le milieu de ce morceau au devant duquel gît un débris de colonne. Un arbre s'élève à la droite du devant, et du même côté on remarque un rustre chassant devant lui trois bêtes de somme. *Largeur* 0,110; *hauteur* 0,061.

(19) Les deux cavaliers. Une rivière traverse l'estampe en passant sous un pont de pierre à droite, et à l'opposite sous un autre pont en bois que viennent de franchir deux cavaliers se dirigeant au fond, du même côté où se voit une construction en partie ruinée. *Largeur* 0,111; *hauteur* 0,067.

(20) L'auberge. Au milieu du bas est un cavalier se dirigeant à gauche où l'on remarque une espèce d'auberge environnée d'un grand arbre et de quelques arbrisseaux. Une tonnelle dégarnie de verdure la précède, animée de deux personnes et d'un chien. *Largeur* 0,112; *hauteur* 0,068.

(21) Le village en ruines. Deux espèces de religieux marchent à la gauche du bas, en se dirigeant au fond vers une chapelle ruinée. *Largeur* 0,110; *hauteur* 0,073.

(22) A la gauche du devant, on voit un homme tenant

un panier d'une main et s'appuyant de l'autre sur son bâton. Il se dirige du même côté où coule une rivière traversant l'estampe, dont elle baigne la droite du devant. En deçà de cette rivière, vers le milieu est une colline ornée de deux arbres. Au-delà, à droite, on remarque une espèce de chapelle avec escalier descendant au bord de l'eau. Même dimension.

(23) La fontaine délabrée. Le mur de face d'une fontaine antique occupe la gauche de ce morceau. L'eau s'en échappe par un mascaron qui la rend dans une auge. Deux hommes de distinction se remarquent au milieu en portant leurs pas vers un vaste bâtiment délabré à la droite du fond. *Largeur* 0,114 ; *hauteur* 0,076.

(24) Le pont romain. Un pont en pierre d'une seule arche, dont la clé d'un écusson marqué des initiales S PQ R venues à rebours, traverse l'estampe en laissant voir sous son arche un riche passage. *Largeur* 118 ; *hauteur* 0,076.

(25) Une maison d'habitation, accompagnée d'un vaste portique dont le sommet est garni d'arbrisseaux, s'élève à la droite de l'estampe. Une échelle et un soc y sont adossés. Un paysan portant sac et bâton paraît en sortir et se dirige à gauche, où, dans le fond, on voit plusieurs bâtiments, dont le principal, en partie ruiné, est garni d'un puits. *Largeur* 0,135; *hauteur* 0,098.

(26) La gauche de ce morceau présente un puits de forme carrée, près duquel s'élève un vieil arbre garni de quelques rameaux verts. Non loin de ce puits, on remarque un homme vu par le dos, semblant se diriger vers une habitation occupant le fond du même côté. Un homme suivi de son chien, et un paysan suivant son âne, marchent, en sens contraire, au devant de deux bâtiments environnés d'arbres. *Largeur* 0,138; *hauteur* 0,100.

(27) En avant de plusieurs bâtiments qui occupent la droite de ce morceau, environnés de plantations, et dont

un est orné d'un escalier extérieur auquel une fontaine est adossée, on remarque deux hommes marchant à gauche, et un cavalier se dirigeant en sens contraire. *Largeur* 0,137; *hauteur* 0,101.

Nous joignons à cet œuvre : 1° dix-huit estampes gravées par *Balthasar Moncornet*, deux par deux, sur neuf planches. Ce sont de petits ovales en largeur qui offrent des copies en sens contraire, et avec quelques variations, des nos 1, 5, 7, 14 et 21 à 25 de l'œuvre ci-dessus décrit; 2° et une copie en sens contraire du n° 9, gravée par un anonyme.

Parmi les estampes de *Montcornet*, il en est une qui visiblement est la copie d'une autre pièce du maître : mais nous n'en avons pas aperçu l'original.

DE LEU (THOMAS), peintre et graveur français qui florissait à Paris, dès la fin du XVIe siècle.

19. Dix-huit portraits, par ou d'après cet artiste, des personnages ci-après, savoir : Arlensis de Scudalupis (Pierre). *Très beau;* Aumale (Claude de Lorraine, surnommé le chevalier d'). Bourbon (le connétable Charles de). Boursier (Louise Bourgeois, femme du s.) : deux épreuves différentes. — Broé (Bonde). *Très beau.* — Chaligny (Henri de Lorraine, comte de). —Charles III, duc de Lorraine. — Condé (Henri de Bourbon, prince de). — D'Argentré (Bertrand).—Epernon (Jean-Louis de la Valette, dit Nogaret, duc d'). — Gonzague (Charles de). *Très beau.* — Joyeuse (Anne, duc de). — Montpensier (Henri de Bourbon, duc de) — Nemours (Jacques de Savoie, duc de)— Verneuil (Henriette de Balzac-d'Entragues, duchesse de) : *copie.* — Vigenère (Blaise de).

DUPLESSI-BERTAUX (JEAN), dessinateur et graveur à l'eau-forte, né vers le milieu du XVIIIe siècle à Paris, où il mourut en 1823.

20. Deux cent trente-six estampes formant, ou des suites complètes ou dépendant de plusieurs autres. Il y a des

portraits, des médailles, des paysages, des sujets et des batailles. Beaucoup d'épreuves sont d'essai. Cet article sera divisé.

DUVET (Jean), surnommé le *Maître à la Licorne.*

21. Dieu tenant des trompettes de chaque main et un ange sonnant de la sixième trompette (35) : *très belle et très rare épreuve avec une grande marge.*

22. Le Fils de Dieu est assis sur une nuée blanche; trois anges sont à ses côtés; l'un annonce l'Evangile éternel, un autre déclare la ruine de Babylone, et le troisième menace de l'enfer les adorateurs de la bête (41) : *très rare et très belle épreuve avec une grande marge.*

EDELINCK (Gérard).

Sujets.

23. Le Déluge, d'après Alexandre Véronèse (1); 2e état. Sainte-Famille, d'après Carle Marette (5); *épreuve à toute marge.* — La Vierge et l'Enfant-Jésus, d'après le Guide (7); 1er état.

24. Saint Jérôme (22); morceau d'après lequel le célèbre Le Brun devina tout l'avenir de l'artiste. — Saint François-Xavier (30); le 4e des 4 états connus. — Saint François de Sales (31); 1er état : *très joli morceau.*

25. Le combat de quatre cavaliers (44); 1er état.

Portraits.

26. Arnauld (Antoine), célèbre par son érudition (141). — Berry (Charles, duc de), petits-fils de France (147); *belle épreuve à toute marge.*

27. Bourgogne (Louis, duc de), petit-fils de France (158); 2e état. *Belle épreuve à toute marge.* — Brûlart de Sillery (Fabio), évêque de Soissons (161); 1er état.

28. Bragance (Isabelle de), infante de Portugal (160); *morceau rare.*

29. Bussi (Roger de Rabutin, comte de), lieutenant-général

des armées du roi (162). *Beau.* — Curvo-Semmodo (Jean), médecin portugais (176); *épreuve brillante*

30. Curvo-Semmodo (Jean), médecin portugais (177); *épreuve à toute marge.* — Descartes (René), célèbre philosophe (181); *épreuve brillante avec une belle marge.* — D'Hozier (Charles), généalogiste du roi (184); *avec une belle marge.*

31. Dilgerus (Nathanaël (185); morceau rare et recherché. *Très belle.*

32. D'Hozier (Charles), généalogiste du roi (184); *épreuve brillante.* — Du Laury (Remi), prévôt de l'église de Saint-Pierre de Lille (188). — Épernon (Anne-Louise-Christine de Foix de la Valette d'), religieuse carmélite (195).

33. Epernon (Anne-Louise-Christine de Foix de la Valette d'), religieuse carmélite (196); *morceau très rare :* la marge est coupée. — Fagon (Gui-Crescent), premier médecin de Louis XIV (200); 1er état. *Rare.*

34. D'Hozier (Charles), généalogiste du roi (184). — Fagon (Gui-Crescent), premier médecin de Louis XIV (200); le 2e des 4 états connus. — Ferdinand, prince-évêque de Paderborn et de Munster (202); 1er état. *Épreuve brillante.*

35. Ferdinand, prince-évêque de Paderborn et de Munster (203); 1er état. *Epreuve à toute marge.* — Fléchier (Esprit), évêque de Nîmes (205). *Belle.*

36. Ferdinand, prince-évêque de Paderborn et de Munster (202); 2e état. — Furetière (Antoine), de l'Académie française (209). — Gobinet (Charles), principal du collège du Plessis, à Paris (215.) *Épreuve à toute marge.*

37. Ferdinand, prince-évêque de Paderborn et de Munster (203); 3e état. — Gottraldt (Christophe), médecin de Dantzick (217); 2e état. — Graaf (Regnier de), médecin hollandais (219); 2e état. *Epreuve brillante.* — Jacques II, roi d'Angleterre (226); 2e état.

38. Keller (Jean-Jacques), commissaire ordinaire des fontes

de l'artillerie de France (229); 1er état. *L'épreuve a été blanchie.*

39. Jacques II, roi d'Angleterre (226); 2e état. — Lamoignon (Madeleine de), 1er état; *épreuve à toute marge*, signée au dos : *P. Mariette*, 1695.

40. Le Brun (Charles), premier peintre du roi (238). *Epreuve de toute beauté.* — Leeuwen (Gerbrand Van), professeur à Amsterdam (239); 1er état. *Epreuve brillante à toute marge.*

41. Léonard (Frédéric), premier imprimeur du roi et du clergé (242); 2e état. *Epreuve à toute marge.* — Letellier (Michel), chancelier de France (244); 4e état. — Letellier (Charles-Maurice), archevêque de Reims (245); 2e état. *Epreuve brillante.* — L'Hospital (Guillaume-François, marquis de), de l'Académie des Sciences (246).

42. Louis XIV, roi de France, du 1er vol. des *Vues de Beaulieu* (252); 2e état. *Le cartouche est découpé.* — Louis XIV, du 1er vol. *des Hommes Illustres*, de Perrault (253); 1er état. *Très rare.* Louis XIV, du Dictionnaire de l'Académie française, édition de 1694, qui est la première (255); 1er état.

43. Louis XIV en buste sur le bouclier de la Religion (258); 1er état. *Morceau connu sous le titre du Triomphe de l'Eglise ou l'Extinction du Calvinisme.* Grande estampe de deux feuilles non assemblées. *Superbe épreuve à toute marge.*

44. Louis XIV à cheval pour la thèse de M. Jacques-Nicolas Colbert (259); 1er état. Grande estampe de deux feuilles non assemblées. *Superbe épreuve à toute marge.*

45. Louis XIV en buste, frontispice de la 1re édition du Dictionnaire de l'Académie française (255); 1er état. *Epreuve à toute marge.* — Louvois (François-Michel Letellier, marquis de), ministre d'Etat (261); 1er état. *L'épreuve a souffert.*

46. Maine (Louis-Auguste de Bourbon, duc du), grand-maître de l'artillerie (264). Mansard (Jules-Hardouin),

surintendant des bâtiments du roi (268); 1er état. *Très belle.* — Miramion (Marie Bonneau, veuve de Jean-Jacques de Beauharnais, seigneur de) (275). — Montarsis (Pierre de), amateur des beaux-arts (277); 1er état. *Épreuve à toute marge.*

47. Noailles (Anne-Jules, duc de), maréchal de France (284); 1er état. *Épreuve brillante.* — Parent (Jean-Charles), chevalier romain (287); le 2e des 4 états connus.

48. Parent (Jean-Charles), chevalier romain (287); 3e état. — Parfait (Nicolas), abbé de Bouzonville (288). *Épreuve à toute marge.* — Philippe V, roi d'Espagne, en demi-figure (294). *Très belle épreuve à toute marge.* — Pierre II, roi de Portugal (296).

49. Parent (Jean-Charles), chevalier romain (287); 4e état. — Philippe V, roi d'Espagne, à cheval (295); 1er état. — Rigault (Nicolas), garde de la bibliothèque du roi (304); 1er état. — Saint-Remy (Pierre Surirey de) (310); 2e état.

50. Poisson (Raimond), comédien (299); 1er état. *Très rare. Épreuve à toute marge.*

51. Sainte-Marthe (Claude de), prêtre (308); le 2e des 4 états connus. — Saint-Remy (Pierre Surirey de) (310); 1er état.

52. Santeuil (Jean-Baptiste), chanoine de Saint-Victor (311); 2e état. *Très belle épreuve à toute marge.* — Savary (Jacques), conseiller du roi (314); 2e état. — Schrader (Daniel) (317).

53. Silvestre (Israël), dessinateur du cabinet du roi et graveur à l'eau-forte (319); 1er état. *Très rare.*

54. Teissier (Eustache), général des Mathurins (325); 1er état. — Teniers (Abraham), peintre (326). *Belle.* — Ulrique-Éléonore, reine de Suède (331). *Rares.* — Villacerf (Édouard-Colbert, marquis de), surintendant des bâtiments du roi (336). *Très belle et très ancienne épreuve.*

55. Vézien (Nicolas), graveur (335); 1er état, c'est-à-dire avant toute lettre. *Très rare.* Épreuve de la plus grande fraîcheur.

FALCONE (Ange).

56. La sainte Vierge et sainte Élisabeth [7]. Les initiales AF se voient à la gauche du bas.

FARINATI (Paul).

— La Madeleine [2].

FIALETTI (Édouard).

57. Saint Sébastien [3]; 1er état. Manque de conservation. — Le petit livre à dessiner, suite de dix estampes [198 à 207].

58. Le grand livre à dessiner, suite de trente-six estampes [208 à 243] : *manque le n°* 211.

FLAMEN (Albert).

59. Emblèmes eucharistiques, suite de 102 estampes (56-157). Il en manque une, et c'est le titre.

FRANCO (Jean-Baptiste), dit *Scmoleo*.

60. Persée tenant l'Amour [second fragment du n° 71]; 1er état. — Jeune femme agenouillée devant une idole [72]; 1er état. — Homme donnant audience à des gens dont il y en a deux qui s'avançent à genoux [79]. — Femme armée d'un bouclier, assise sur un triton. Un amour les accompagne [fragment du n° 82]. — Cinq sujets sur la même planche [84]; 1er état. — Jeune homme montant sur Pégase [85, 1re partie]. — Plusieurs bacchants et bacchantes exprimant leur tristesse auprès d'Apollon, tenant embrassée Déjanire changée en laurier [86]; 1er état. — Homme soutenant de la main gauche un panier qu'il porte sur la tête, et de l'autre conduisant un bouc vers une femme qui s'incline sur un autel d'holocauste [92, partie du milieu].

GOUJON (Jean), célèbre architecte et sculpteur français.

61. Quarante-cinq dessins sur trente-deux planches, dont 27 ont été gravés par lui en bois. Tous ces morceaux font

partie de ceux qui décorent le Vitruve, traduit en français par Jean Martin.

HAEFTEN (NICOLAS van).

62. Le portrait de Jean-Frédéric Karg, baron de Bebenburg, abbé de St-Michel, ministre d'État et grand chancelier de l'électeur de Cologne. Il est signé dans la marge : *N. van Haften, pinx. et sculp.*, 1709, *insulis* (à Lille). *Hauteur* 0,311, dont 0,032 de marge; *largeur* 0,222.

Ce morceau, qui ne se trouve pas communément, forme le nº 39 de l'œuvre du maître, d'après le supplément au Peintre-Graveur de Bartsch, par M. Rodolphe Weigel, Leipsick 1843, in-8° *.

GIRARDET (ABRAHAM), dessinateur et graveur en taille-douce, né dans la principauté de Neufchâtel, en 1764, mort à Paris en 1823.

63. Cent quatre-vingt-quatre morceaux finis ou à différents états d'avancement, comprenant notamment les figures du Boileau, *papier de Chine.* — Le portrait de Racine et les douze vignettes, d'après Desenne, des œuvres de cet illustre poète, *papier de Chine;* les douze vignettes, d'après Perrier, des œuvres d'Horace; les quatre vignettes de l'Anacréon de saint Victor, d'après Girodet; plus, deux épreuves d'essai; vingt-six morceaux des différents tableaux de la Révolution française, parmi lesquels: la prise de la Bastille, la Fédération et le Champ-de-Mai de 1815. Il y a trois épreuves avec différence de ce dernier sujet: le frontispice du grand ouvrage sur l'Égypte *Très rare*, etc., etc. Cet article sera divisé.

HAGEDORN (CHRÉTIEN-LOUIS), dessinateur et graveur à l'eau-forte, né à Hambourg en 1717, mort à Dresde, en 1780.

(*) On en trouve des exemplaires à Paris, chez DEFER.

64. Neuf petits paysages spirituellement gravés.

HOLLAR (WENCESLAS), dessinateur et graveur à l'eau-forte, né à Prague en 1607, mort à Londres en 1677.

65. Quatre morceaux : Sainte-Famille, d'après Perrin del Vage ; femme nue, d'après Rembrandt ; paysage, d'après Breughel ; autre, d'après Ælsheimer. *Belles.*

JANSON (JACQUES), le père, peintre et graveur hollandais. Florissait dans le siècle dernier.

66. Son portrait dans la manière du crayon, un des mois de l'année, *avant toute lettre*, et un grand paysage dans la manière de J. Both.

KONINCK (SALOMON).

67. Vieillard assis dans un fauteuil [71 des pièces gravées par différents artistes dans le goût de Rembrandt. Catalogue de ce maître, par Bartsch, 2e vol.]

KRUG (LOUIS).

68. L'Adoration des Mages [2].

LA FLEUR (NICOLAS-GUILLAUME de).

69. La première suite de ces fleurs composée de treize morceaux (1-13). *Manque le n° 8.* Nous joignons ici : 1° la copie en contre-partie du n° 1, portant l'adresse de *Justinien Danckerts*, en remplacement de *Danckert Danckerts ;* 2° et les nos 1 et 9 de la seconde suite de fleurs dans des octogones. *Tous ces morceaux sont rares.*

LA GUERTIÈRE (FRANÇOIS de).

70. Les grotesques de Raphaël peints au Vatican, suite de dix-sept estampes (1-17) ; 3e état. *La dernière manque.*

LE CLERC (SÉBASTIEN). Voyez le catalogue de son œuvre, publié par Jombert, en 2 vol. in-8°. Paris, chez l'auteur, 1774.

71. Son portrait gravé par Cl. Duflos ; 1er état. *Rare.* — Fuite

en Égypte (art. 19, n° 5).—Entrée de Jésus-Christ à Jérusalem (art. 26, n° 3). — La Vierge et l'Enfant-Jésus (art. 27, n° 5).—La grande destruction de Lustucru (art. 62, n° 2).—Le jugement des Bergères et des Bergers de la cour d'Amour (art. 82, n° 3). — Estampes de l'état présent de l'empire ottoman (art. 97, n° 2, 5, 9-28).— Les n° 1, 3 et 4 de la suite dite les Tapisseries du roi (art. 98). Le n° 3 est avant les noms de Bailly et de Le Pautre, et le n° 4 avant le nom de Le Clerc.—L'Apothéose d'Isis (art 236).—Et treize estampes dépendant de différents autres articles. Total, quarante-huit estampes.

72. Les tireurs à l'arquebuse de Nantes (art. 86); 1er état. *Très belle.*

73. Les n° 1 et 6 de l'art. 101 qui sont : titres et vignettes des Mémoires pour servir à l'histoire naturelle.—Recueil d'académies, suite de 32 estampes (art. 108).— Le grand cul-de-lampe n° 6, de l'architecture de Vitruve (art. 109). —La vignette n° 1, de l'Histoire Sacrée, en tableaux (art. 116).—Le frontispice de la vie de saint Bruno (art. 118) : *deux épreuves avec différences.*—Le frontispice des religions de tous les royaumes du monde (art. 125) ; épreuve avant toute lettre. *Très rare.*—Le Mercure géographique (art. 136).—Les n° 1 et 5 du Pastor fido (art. 142): le n° 1 est avant l'écriture sur la draperie. — Les n° 1, 5 et 6 de l'Aminte (art. 143). Total, quarante-huit estampes.

74. La vignette, la lettre et le cul-de-lampe de l'oraison funèbre de la duchesse de Longueville (art. 152), fixés sur une feuille avec une note manuscrite établissant que ces morceaux ont d'abord servi à l'oraison funèbre de la duchesse de Montausier, par Fléchier, le 2 janvier 1672. — La réduction de Morsal (art. 174); épreuve avant les mots : *à Paris, rue,* etc.— La 1re des deux estampes de décorations pour feux d'artifices (art. 175).—La prédication de saint Jean (art. 179, n° 1).—La religieuse assise sur des nuages (art. 188, n° 1); 1er et 2e états.— Allégorie

à la louange de Louis XIV (art. 195); 4e état. — Le n° 2 de l'art. 217. — Le Manuel d'Épictète (art. 219); 3e état. Esther devant Assuérus (art. 224). *Avant le soleil sur le dossier du trône.* — La première Vénus (art. 235) : *copie en contre-partie.* — L'apothéose d'Isis (art. 236) : *épreuve brillante.* — Cérémonie de la prestation de serment du marquis de Dangeau (art. 250), *avec le nom de Le Clerc à gauche.* — La multiplication des peines (art. 251); 2e état. — Deux fleurons (art. 255). — Caractères des passions, suite de vingt estampes (art. 256). — Médaille en l'honneur de Charles XII (art. 274); la bordure est du 1er état et la médaille du 2e. — Les nos 33, 34, 35, 36 et 37 sur la même planche de l'art. 288. — Divers habillements des anciens Grecs et Romains (art. 291); 1er état. Total, soixante-cinq estampes.

LIVENS (JEAN).

75. Le portrait de Jacques Gouter, musicien anglais [59]. *Très belle.*

LOLLI (LAURENT).

76. Fuite en Egypte [1]. — Sainte-Famille [6] — Saint Jérôme. [13]. — Les armes de Gusta Vilani [26].

MAGGI (JEAN), peintre et graveur à l'eau-forte, né à Rome vers 1566.

77. Vestiges de monuments et de statues antiques de Rome, gravés tant par ce maître que par d'autres artistes; cent trente-trois pièces.

Maître aux initiales N H, cité par Bartsch, t. 7, p. 547.

78. Jérémie descendu dans une basse-fosse [2]. *Belle et rare.*

MANGLARD (ADRIEN).

79. Vue du sépulcre de Cécilia Métella (1), contre-épreuve du 1er état. — Le coup de vent (13); 1er état. — La Felouque en panne (14); 1er état. — Vue prise près des ruines

du temple du Soleil et de la Lune (24). — Le naufrage (42) ; 1er état.

MARC-ANTOINE (École de).

80. Le Massacre des Innocents, gravé par Aug. Vénitien [19], petite estampe *très rare.* — Danse d'amours [217]. — La coupe de Joseph trouvée dans le sac de Benjamin [7 B., t. 15, p. 11]. — La sybile [6 B., t. 15, p. 27] ; petite estampe *très rare.*

MESLIN (Charles), surnommé Charles-le-Lorrain.

81. *Ecce Voto* (1), seule pièce gravée par cet artiste. *Très belle épreuve avec de la marge.*

MEUNIER (Louis).

82. Vues d'Espagne, 1re suite composée des palais et jardins de plaisance des rois, savoir : entrée du palais du roi, à Madrid (2) ; 4e état. — Le même palais du côté du parc (3) ; 3e état. — Vue de la cour du même palais (4) ; 4e état. — La grande place de Madrid (5) ; 2e état. — La prison royale de Madrid (6) ; 1er état. — La fontaine du Soleil (7) ; 1er état. — La fontaine de saint Dominique (8) ; 2e état. — La fontaine de la Sivade (9) ; 2e état. — La maison royale de Zarzuela (10) ; 2e état. — La maison royale del Pardo, près Madrid (11) ; 2e état. — Le palais d'Aranjuez (12) ; 2e état. — La grande fontaine d'Aranjuez (13) ; 2e état. — La fontaine des Dauphins, à Aranjuez (14) ; 2e état. — La fontaine des Tritons, à Aranjuez (15) ; 2e état. — Les fontaines de Don Juan d'Autriche et de l'Épine, à Aranjuez, sur la même planche (16) ; 2e état. — Les fontaines de Neptune et de Bacchus, à Aranjuez, sur la même planche (17) ; 1er état.

Cette suite, à laquelle il manque le titre, est d'une belle condition et avec de la marge.

83. Seconde suite. Vues de Buenretiro (18-24), savoir : le titre (18) ; 2e état. *Rare.* — Entrée de Buenretiro (19) ; 2e état. — L'ermitage de Saint-Paul (20) ; 2e état.

L'ermitage de Saint-Antoine (21); 1er état. — Le grand étang (22); 2e état. — Le petit étang (23); 2e état. — Le jardin royal de la maison del Campo (24); 2e état. *Très belles épreuves avec marges.*

84. Troisième suite. Vues de l'Escurial (25-32), savoir : le titre (25). *Rare.* — Vue générale de l'Escurial (26). — Entrée de l'Escurial (27). — Première cour de l'Escurial (28). — Un des sept cloîtres de l'Escurial (29). — Le grand cloître de l'Escurial (30). — Perspective du derrière de l'Escurial (31). — L'Escurial vu par derrière (32). *Très belles épreuves avec marges du 2e état des planches.*

85. Quatrième suite. Vues de Grenade (33-43), savoir : le titre (33); 2e état. *Rare.* — Vue de l'Alhambra et de la Tour Vermeille (34); 2e état. — Vue de Grenade, de l'Alhambra et de la Tour Vermeille (35); 2e état. — Vue de la Tour Vermeille et de la grande église de Grenade (36); 2e état. — Palais du roi d'Espagne dans l'Alhambra (37); 2e état. — Vue de l'Alcaçar de Grenade (38); 1er état. — Vue de la cour des Lions dans l'Alhambra (39); 2e état. — Autre vue de la même cour (40); 2e état. — L'étang royal de l'Alhambra (41); 2e état. — Vue du Généralife de Grenade (42); 2e état. — Vue de la chancellerie de Grenade (43); 1er état. *Très belles épreuves avec marges.*

86. Vues de Tolède (44-46); 2e état des planches, savoir : palais royal de Tolède (44). — Autre vue du même palais (45). — Vue de la grande église de Tolède (46). — Deux vues de Ségovie; 2e état, savoir : le palais royal (47). — Vue du derrière du même palais (48). — Vues de Séville (49-53), savoir : vue de la Tour de l'Or et du château de Trienne (49); 2e état. — Vue de l'Alcaçar (50); 2e état. — Vue de la grande église (51); 2e état. — Vue de la Bourse et de la grande église de Séville (52); 2e état. — Place de Saint-François à Séville (53); 4e état. — Vue de la grande place de Cadix (54); 2e état. — Vue du palais royal de Lisbonne (55); 2e état. Epreuve retouchée

à l'encre, bistrée probablement par le maître pour amener la planche à un meilleur effet. *Très belles épreuves avec marges.*

87. Vues d'Aranjuez (56-65), suite de dix estampes chiffrées de l'édition de *Van Merlen*. Très belles épreuves avec de la marge. — Diverses vues d'Espagne et de Portugal (66-71), suite de six estampes. — Profil de la ville de Safra, en Espagne (75). —Vue du château de Durestalle, en Anjou (81). — Vue du grand portail de l'église du Val-de-Grâce (84); 2e état. — Vue du château et d'une partie de la ville de La Rochefoucauld (87); 1e état. — Vue de la chapelle de Notre-Dame-de-Bon-Refuge de la ville de Barioulx, en Provence (88). *Très rare.*

MEYERINGH (ALBERT).

88. Le mausolée [8]. — Les bergers [21].

MOLA (PIERRE-FRANÇOIS).

89. Jésus-Christ s'entretenant avec la Samaritaine [2]. Deux épreuves: l'une avant la lettre, l'autre avec les noms de *Maratte* et de *Frey*. — La sainte Vierge [3].

MOLA (JEAN-BAPTISTE), dit le Cadet.

90. Cupidon dans un char, d'après l'Albane [6].

MERCATI (JEAN-BAPTISTE).

Sainte Bibiane refusant de sacrifier aux divinités païennes [5]. — Saint Antoine de Padoue adorant l'Enfant-Jésus [6].

MONOGRAMME C (de maître au). Voyez le Peintre-Graveur Français, t. 6, p. 7.

91. L'Espérance (11). — Dessin d'une coupe (26); deux épreuves, l'une du 1er, l'autre du 2e état. Celle du 1er n'est pas dans son intégrité.

92. Portraits des rois de France, depuis Pharamond jusqu'à François Ier, suite de 58 estampes (29-86). Toutes ces pièces sont très rares.

MONOGRAMME (le maître au). Voyez le Peintre-Graveur Français, t. 7, p. 18.

93. La Vierge assise sur son trône (6). — Saint Éloi et le roi Dagobert (12). — L'enfant dans la galerie (17). — Les danseuses (19). — Le Laocoon. Tous ces morceaux sont très rares.

MONOGRAMME formé des lettres XR (le maître au). Voyez Bartsch, t. 15, p. 540.

94. — Les trois vaisseaux. *Morceau rare.*

MOYAERT ou MOOJAERT (Claas ou Nicolas), peintre hollandais qui florissait dans le XVIIe siècle.

95. Rebecca offrant à boire au serviteur d'Abraham. — Le jeune Tobie prenant congé de son père. — Tobie et l'Ange. *Trois estampes longuettes, sans nom ni marque, très spirituellement gravées à l'eau-forte d'une pointe énergique et dont voici les dimensions. Largeur* 0,190 à 0,200; *hauteur* 0,108 à 0,115.

Toutes les estampes de ce maître, même celles portant son monogramme, ou ses initiales, ou ses noms, sont *très rares.*

NANTEUIL (Robert).

Portraits.

96. Aubray (Dreux d'), lieutenant civil au Châtelet de Paris (25). Epreuve brillante avec une grande marge. — Auvry (Claude), évêque de Coutances, 1er état. *Très belle.*

97. Barberin (Antoine), cardinal, archevêque de Reims (28). *Très belle, avec marge.* — Le même cardinal (29), 1er état. Plus une épreuve d'un 3e état de ce dernier portrait, non cité dans le Peintre-Graveur Français, et qui se reconnaît à ce qui suit : la planche a été réduite à l'ovale, tiré dans une bordure en passe-partout posant sur un socle,

ornée au haut de trois abeilles, et aux côtés de festons et de bouquets, et ne portant aucune inscription.

98. Beaumanoir de Lavardin (Philibert-Emmanuel de), évêque du Mans (35); le 4e des 5 états décrits. — Blanchart (François), abbé de Sainte-Geneviève (39); 1er état. *Très belle.*

99. Colbert (Jean-Baptiste), contrôleur-général des finances (71); le 3e des 4 états connus. *Épreuve brillante.*

100. Colbert (Jean-Baptiste), *idem* (72); le 2e des 3 états connus. *Épreuve avec une grande marge.* — Créqui (François de Bonne de), maréchal de France (81); 2e état. *Belle.*

101. Dony d'Attichy (Louis), évêque d'Autun (83). *Epreuve à toute marge.* — Espernon (Bernard de Foix de la Valette, duc d'), colonel-général (91); 1er état.

102. Faure (Charles), abbé de Sainte-Geneviève (74). *Belle.* — Fieubet (Gaspard de), conseiller d'Etat (96). *Epreuve à toute marge.*

103. La Meilleraye (Charles de La Porte, duc de), maréchal de France (118). *Très belle à toute marge.*

104. Le Teillier (Michel), chancelier de France (128); 2e état. *Épreuve brillante.*

105. Mercœur (Louis de Vendôme, duc de); 1er état. *Epreuve remargée.* Plus une épreuve à toute marge, d'un 2e état du même portrait qui se reconnaît à ce qui suit: l'inscription *R. Nanteuil*, etc., a été enlevée; on lit sur la face de la consonne de support, les noms et qualités du personnage, en latin.

106. Molé (Edouard), président à Mortier, au parlement de Paris (193). Epreuve avant que le fond extérieur ait été marbré, ce qui caractérise un 1er état.

107. Montpezat de Carbon (Jean de), archevêque de Bourges (196); 1er état. *Avec une belle marge.*

108. Nemours (Henri de Savoie, duc de), comme archevêque de Reims (198); 1er état. *Epreuve remargée.*

109. Nesmond (François), évêque de Bayeux (202); le 2e des 4 états connus. *Très belle épreuve à toute marge.* — Neufville (Ferdinand de), évêque de Chartres (204); le 1er des 9 états connus. *Epreuve brillante.*

110. Payen-Deslandes (Pierre), doyen des conseillers-clercs au parlement de Paris (210). *Epreuve à toute marge.* — Péréfixe de Beaumont (Hardouin de), archevêque de Paris (211). *Epreuve très belle, mais remargée.*

NASINI (Joseph-Nicolas).

111. La Sainte Vierge [1]. *Belle et rare.*

ODDI (Maur).

L'Enlèvement d'Europe [2]. Epreuve portant ces mots, au-dessous les initiales : *avec privilège du roy*, 1663.

ONOFRI (Crescent).

Le pont de deux arches [5]. — Plus un autre paysage dans le goût de ce maître, dans lequel on voit un repos dans la fuite en Egypte.

112. Ornements. Quatre-vingt-sept pièces, sur douze feuilles, qui sont termes, lettres blanches et fleuronnées, cartouches, culs de lampes et autres morceaux d'ornement gravés sur cuivre ou en bois.

OSTADE (Adrien Van).

113. Les pêcheurs [26]. Superbe épreuve d'un état antérieur à celui que Bartsch a constaté. Ici le trait carré est très légèrement exprimé et des couleurs d'eau-forte se remarquent dans la marge.

114. Trois figures grotesques [28]; 2e état. — La chanteuse [30]; 2e état. — Plus la pièce douteuse de l'appendice. *Très belles épreuves.*

115. La fileuse [31]. Rare et brillante épreuve, à toute marge, d'un état inconnu à Bartsch, lequel se reconnaît au trait carré légèrement indiqué et offrant quelques lacunes à

gauche. Des couleurs d'eau-forte se remarquent dans les marges.

116. Les musiciens ambulants [38]. *Ancienne et très brillante épreuve.*

117. Les deux commères [40]. *Superbe épreuve* d'un état non cité par Bartsch, où le trait carré n'a pas été repris.

118. Le charcutier [41]. Epreuve brillante d'une planche amenée à tout son effet et rare à rencontrer aussi parfaite.

119. Le violon et le petit vielleur [45]. Très belle épreuve du 1er état.

120. La famille [46]; 2e état. *Très belle.*

121. La fête sous la treille [47]. Superbe épreuve du 1er état, un peu courte de marge.

122. La fête sous le grand arbre [48]. Epreuve de la plus belle condition du 1er état.

PALME (JACQUES), dit le jeune.

123. Neuf différentes têtes d'hommes et de femmes, et une tête d'enfant [13]. — Une feuille de différentes parties du corps [15]. — Saint Jérôme s'entretenant avec le Pape Damase [16]; 1er état, c'est-à-dire avant Nr. 12 *a*. — Saint Jean-Baptiste [19]. — La femme adultère amenée devant Jésus-Christ [20]; *l'original.* — La sainte Vierge avec l'Enfant-Jésus adoré par saint Jérôme et saint François [21]. — Saint Thomas mettant le doigt dans la plaie de Jésus-Chrit [22]. — Dalila [26].

PARMESAN (FRANÇOIS MAZZAOLI, dit le).

124. Judith [1]. — La sainte Vierge [4]. — L'Amour dormant [11]. *Très rare.* — Le jeune homme et les deux vieillards [13]. — L'Astrologie [15].

PERELLE (ADAM et GABIEL).

125. Soixante-deux paysages ronds et carrés. Anciennes et superbes épreuves à toute marge.

PESARÈSE (Simon Cantarini, dit le).

126. Adam et Eve (1). — Repos en Égypte (3); 1er état. — Autre repos en Égypte (5). — Le grand saint Antoine de Padoue (25). — Le *quos ego* (29) ; 3e état.

PICQUOT (Thomas).

127. Six estampes représentant des ornements variés exécutés dans un genre de gravure singulier uniquement propre à cet artiste. Ce sont les nos 3, 4, 5, 6, 7 et 8 de l'œuvre, lequel est seulement composé de 14 estampes d'après le Graveur-Français. L'un de ces morceaux, *tous très rares*, manque à la Bibliothèque royale de Paris.

128. Portraits de personnages plus ou moins célèbres, gravés par Robert Boissard, Martial Desbois, Gérard, Jean et Nicolas Edelinck, Michel Lasne et autres; 55 estampes.

PROCACINO (Camille).

129. Repos en Égypte (1); 1er état.

ROTARI (Pierre, comte de), peintre et graveur à la pointe, né à Vérone en 1707, mort à Saint-Pétersbourg en 1764.

Deux pièces, dont une en ovale, d'après Balestra.

PRUD'HON (Pierre-Paul), peintre, graveur à l'eau-forte et lithographe, né à Cluni le 6 avril 1768, mort à Paris le 16 février 1823.

130. Phrosine et Mélidore. Eau-forte pure de la seule estampe gravée sur cuivre par ce célèbre peintre, et dont les épreuves finies décorent les œuvres de Gentil Bernard. *Paris, P. Didot*, 1797, *in*-4°. — Morceau très rare. Il est malheureusement court de marge.

131. Flore et Zéphir debout sur un socle, au bas duquel se voit l'Amour environné de fleurs qui décoche une flèche. On lit dans la marge, à gauche : *Prud'hon pinx*. Litho-

graphie en couleur exécutée par notre artiste. *Hauteur* 0,236, dont 0,007 de marge; *largeur* 0,070.

132. Pendant du morceau qui précède et exécuté de même. Il représente Euterpe jouant de la lyre debout sur un socle, au bas duquel est l'Amour de l'Etude, environné de livres et instruments de musique. La marge contient l'inscription rapportée; *meme dimension*.

133. Cérès, à la recherche de Proserpine, punit Stellion. Eau-forte d'après un dessin du maître exécutée d'une pointe pleine de goût et d'effet, par M. le baron de Joursanvault. Les marges sont remplies de charmantes croquades, sauf celle du bas qui contient une dédicace adressée à Mme la baronne de Heinitz.

RUBERT ou ROBERT, prince palatin du Rhin.

134. Deux paysages à l'eau-forte, dans un goût tellement approchant de *Stefano della Bella*, que Jombert les lui a attribués dans le catalogue qu'il a donné de son œuvre, art. 63, p. 86 (essai d'un catalogue de l'œuvre d'Etienne de la Belle. Paris, chez l'auteur, 1772, in-8°.

I. A la droite du bas, on voit un portefaix tenant un fardeau sur sa tête et son dos, en se dirigeant du côté opposé où l'on remarque un bateau en chargement. Un port de mer, défendu par une tour ronde, existe à droite. Au bas de ce dernier côté, l'année 1640, venue à rebours, est sur une pierre, et plus bas, le monogramme formé des lettres Rp, dont la première est surmontée d'une couronne. *Largeur* 0,140; *hauteur* 0,085.

II. Un paysan portant sur l'épaule un panier au bout d'un bâton, et tenant quelque chose de la main droite, se dirige du milieu du devant vers une maison qui occupe la droite du fond. *Morceau sans nom ni marque*. Même dimension.

Ces deux estampes sont au moins aussi *rares* que celles en manière noire de l'illustre amateur.

SAMBIN (HUGUES), architecte, florissait à Dijon vers 1572.

135. De la diversité des termes dont on use en architecture, suite composée d'un titre historié et de trente-six figures. Le tout gravé en bois.

SALIMBENE (VENTURA OU BONAVENTURE).

136. Saint Joseph épousant la sainte Vierge [2]. — La destination de la sainte Vierge [2]. *Copie.*

SANTIS (HORACE DE).

— Jésus-Christ et la Madeleine [11].

SCHEINDEL (GEORGE VAN), dessinateur-graveur à l'eau-forte, qui florissait en Hollande en 1645.

137. Figures de femmes du peuple de divers états ou professions se détachant sur des fonds de paysages, d'après *W. Buytwick.* Suite de huit estampes, chiffrées de 1 à 8, au milieu du bas. La date de 1645 est sur le premier morceau, ainsi que l'adresse de *H. Hondius*, qui paraît n'avoir été que le second éditeur : le nom de *I. P. Beerendreck*, qui a été le premier, ayant été effacé. La marge de chacune des pièces contient un distique latin. — *Hauteur* 0,210, dont 0,013 de marge. *Larg.* 0,135.

Nota. Le catalogue Rigal ne cite point cette suite.

SCHIAMINOSSI (RAPHAEL).

138. Sainte-Famille [91].

SIRANI (JEAN-ANDRÉ).

— Apollon et Marsyas [2]. *Rare.* La marge est coupée.

TORRE (FLAMINIO).

— La Vierge au milieu de saint Jérôme et de saint François [3].

STOOP (THIERRI).

139. Cheval refusant d'aller à l'eau [2]. — Cheval devant une

mangeoire (11). *Epreuve avant le numéro.* — Vue de la cour du Palais-Royal de Lisbonne. Cette pièce est le n° 5 d'une suite extrêmement rare décrite en note, tom. 5 du Peintre-Graveur Français, pag. 283 et suivantes. *La marge est coupée.*

SWANEVELT (HERMAN).

140. L'Hôpital (87). — Mercure imposant silence à Battus (95). — Battus transformé en pierre (96). — La fuite en Egypte (97). — Les numéros 87 et 97 sont avec les mots *et excudit*, les autres sont privés de marge.

UDEN (LUCAS VAN).

141. Les ruines (51); 2e état. — Le bon Samaritain (55). *Morceaux rares.*

ULIET (GEORGES VAN).

142. Le mathématicien (50). — Les joueurs de cartes (51). — L'arracheur de dents (53). — Les joueurs de trictrac (54). — Le vendeur de mort-aux-rats (55). — La famille (56). *Epreuves parfaites avec de la marge.*

UYTENBROUCK (MOÏSE VAN).

143. Abraham renvoyant Agar (2); 1er état. — Agar dans le désert (5); 2e état. — Tobie rendant la vue à son père (16). — Mercure endormant Argus (22). — Mercure et Battus (29); avec les noms répétés du maître comme graveur et éditeur.

VALESIO (JEAN-LOUIS).

144. Vénus rappelant l'Amour (6); 1er état. — Douze têtes dans un ovale.

VIGNON (CLAUDE).

145. Les miracles de Jésus-Christ, suite de 13 estampes (3-15). Le titre est double à cause des différences, mais le n° 12 manque. — La prédication de saint Jean (17). — Le mar-

tyre de saint Laurent (21); 2e état. — L'apothéose d'Hercule (25).

VISSCHER (CORNEILLE DE).

146. Portrait qui passe pour être celui de l'artiste. — Le clair de lune, d'après P. de Laër. *Superbe épreuve.*

VOUET (SIMON).

147. La Sainte-Famille; seul morceau gravé par ce maître. *L'épreuve est très belle.*

VUIBERT (REMI).

148. La présentation au temple (1), 2e état. Il se reconnaît à ce qui suit : la planche a été réduite des deux côtés et retouchée. On lit dans la marge : *présentation de Jésus au Temple*, et au-dessous, à gauche : *à Paris, chez P. Drevet, rue Saint-Jacques*, et à droite le nombre 61. — Le miracle de saint Paul à Ephèse (2). Epreuve de la planche non encrée de nouveau. — La Charité (11); 3e état. — La Providence gouvernant le monde (19); 1er état. — Apollon et Marsyas (20). La marge est coupée.

149. Diane et Endymion (21); 2e état. — Pan et Diane (22); 3e état. — Latone et ses enfants (23); 3e état. — Diane au bain (24). La marge est coupée. — Le martyre de saint André (26). La marge est coupée.

Morceaux omis dans le Peintre-Graveur Français.

I. *L'Adoration des bergers.* Vue de l'intérieur de l'étable de Bethléem. L'étoile brille au haut et éclaire le sujet sur lequel plannent deux anges. Saint Joseph, agenouillé à gauche, lève le voile qui recouvrait le nouveau-né, et l'offre à l'adoration de la sainte Vierge et des bergers. Les initiales R. V. se voient sur une pierre à droite, vers le bas. On lit à la gauche du bas : *Raphaël Urbain, pinxit*, et dans la marge : *Venerunt pastores et inuenerunt Mariam et Joseph et infantum Jacentem in præsepi. Luc 2.*

Hauteur 0,290, dont 0,009 de marge; *largeur* 0,200. *L'épreuve est tachée.*

II. *Repos dans la fuite en Egypte.* Beau paysage enrichi d'un amphithéâtre et d'un temple en ruines dans lequel on voit, au milieu de l'estampe, la sainte Vierge assise qui tient l'Enfant-Jésus dans ses bras. Saint Joseph est debout à côté de l'âne vers la gauche. On lit dans la marge : *Humilabitur Assur et Sceptrum Ægypti recedet. Zacar. 10. Remy Vuibert inu? et sculp. Parisijs,* 1639. *Cum Priuil. Regis Christ. Largeur* 0,302; *hauteur* 0,262, dont 0,022 de marge. *Notre épreuve est privée de marge.*

III. *La Vierge sur les nuées.* La sainte Vierge vue jusqu'aux genoux, tient d'une main l'Enfant-Jésus, que de l'autre elle couvre d'une part du voile dont sa tête est parée. Elle est sur les nuages, inclinant la tête en bas où elle semble recevoir les hommages de la terre. On lit dans la marge, à droite : *Van Merlin ex. Hauteur,* 0,119, dont 0,007 de marge; *largeur,* 0,081.

On connait deux états de cette planche :

I. C'est celui décrit.

II. La marge est coupée.

L'Epreuve offerte ici est du 2e état.

IV. *Le Campo Vaccino.* Reproduction du tableau de Claude le Lorrain, qui est exposé au Musée royal de France et dans le même sens. On lit dans la marge : *Prospect. forum Romanum vulgo Campo Vacino Claudio Loreno Inuentor F. L. D. Ciartus excudit. Largeur* 0,256; *hauteur* 0,190 dont 0,010 de marge.

WOEIRIOT (PIERRE), surnommé Bonzey.

Estampes gravées sur cuivre.

160. La tour de Babel (3). La marge est coupée. — Joseph vendu par ses frères (6). *Idem.* — Joseph traite ses frères d'espions (8). *Idem.*

161. La coupe de Pharaon trouvée dans le sac de Benjamin (9).

La marge est coupée. — Les frères de Joseph prosternés devant lui (10). A toute marge et très belle. — La bénédiction de Jacob (11), n'est pas entière.

162. Moïse et Aaron faisant des miracles devant Pharaon (13). La marge est coupée. — La plaie de Grenouilles (14). A toute marge. — Mort des premiers-nés d'Egypte (15). A toute marge.

163. Les cailles et la manne tombant dans le désert (17). La marge est coupée. — Le veau d'or (18). A toute marge et très belle. — Moïse déclare au peuple les ordonnances du Seigneur (19). La marge est coupée.

164. Les nos 2 à 100 (21 à 120), des emblèmes chrétiens, 1er état des planches. Plus le n° 18 de la suite répété (38 bis). En tout 100 estampes. *Belles.*

165. Trois des statues antiques de Rome (140, 144 et 150). Elles ont beaucoup souffert. — Le titre des bagues et anneaux (310). Epreuve faible.

166. Funérailles chez les Hérules (200). Epreuve faible d'une estampe très *rare.*

167. Phalaris (205) ; 1er état.

168. La femme d'Asdrubal (206) ; *Très belle.*

169. Phocas devant Héraclius (207). *Très rare et très belle.*

170. La bataille de Constantin contre Maxence (208) ; 2e état. *Rare.*

171. Les nos 2 à 63 (210-271) de la suite des rois et ducs d'Austrasie ; plus la copie du n° 64 et dernier de cette suite (272). Total, 63 estampes de la plus belle condition.

172. Le portrait de Barthélemi Aneau, poète (273). *Beau et rare.*

173. Le portrait de Bornonius, jurisconsulte (276). *Beau.*

174. Le portrait de Louis Desmazures, poète (281). *Beau.*

175. Le portrait de Pierre du Chastelet, évêque de Toul (283) ; 2e état.

176. Le portrait de Louis de La Mothe (290). *Rare.*

177. Le portrait de Thierry de La Mothe (291). *Rare.*

178. Le portrait d'Antoine Le Pois (292); 2e état. *Beau.*

179. Le portrait de Nicolas Le Pois (293); 2e état.

180. Le portrait en médaillon de Nicolas de Lorraine, comte de Chaligny (298). *Rare et beau.*

181. Le portrait de Georgette de Montenay (299). *N'est pas dans son intégrité.*

182. Le portrait de Bernardin de Sabellus (304). *Très beau et très rare.*

183. Pendants d'oreilles, suite de 12 estampes chiffrées (350-361). *Très belles épreuves d'une suite très rare.*

184. Pendants d'oreilles d'une autre suite non chiffrés; seulement les sept premiers morceaux de cette suite (362-368). *Plusieurs sont faibles d'épreuve et l'un est même découpé.*

185. Les nos 4 et 5 de la suite des garnitures d'épées (376 et 377). *Très rares.*

186. Dessins de deux garnitures d'épée et de couteau de chasse, sur la même planche (379). *Très belle épreuve.*

Estampes gravées en bois.

187. Sujets de la Bible (381-391), et le titre de livre (401). Total 12 estampes.

WYNGAERDE (François-Vanden), dessinateur et graveur à l'eau-forte, florissait à Anvers dans le XVIIe siècle.

188. Samson déchirant un lion, d'après Rubens. — Les quatre heures du jour, savoir : *Le Matin*, d'après Jean de Hem; *Le Midy*, d'après *Pierre Gaucye; Le Soir*, d'après David Teniers; et *la Nuict*, d'après ce dernier maître. *Belles épreuves.*

189. Deux cent douze estampes gravées par Gérard Edelinck et ses frères, Michel Lasne et autres, comprenant des sujets variés, des portraits, des paysages et de la topographie. Cet article sera divisé.

190. Deux volumes de papier blanc du plus grand format cartonnés en parchemin.

Dessins.

BERGERET (Pierre-Nolasque), peintre vivant.

191. L'empereur Napoléon debout entre des trophées d'armes sur lesquels il s'appuie. A la plume, lavé au bistre et rehaussé de blanc. De forme ronde. Il est signé P. N. B. F. 1809 (les trois premières lettres formant monogramme; diamètre 0,26.

BERGHEM (Nicolas).

192. Etudes de chèvres et de moutons à la pierre noire. *Largeur* 0,29; *hauteur* 0,18. *Dessin de la plus grande fraîcheur.*

BOISSIEU (Jean-Jacques de).

193. Paysage montueux baigné par une large rivière coulant sur le premier plan, à l'encre de Chine. *Largeur* 0,24; *hauteur* 0,15.

BOULOGNE (Louis de), le père.

194. Les filles de Haran tirant de l'eau du puits pour abreuver leurs troupeaux. A la plume, lavé de bistre et rehaussé de blanc. *Largeur* 0,33; *hauteur* 0,26.

La naissance de la Vierge. A la plume et lavé de bistre. *Largeur* 0,22; *hauteur* 0,17.

BOULOGNE (Louis de), le fils.

195. Vénus servie par les géants et les amours. Esquisse à la pierre noire, rehaussé de blanc. *Largeur* 0,23; *hauteur* 0,16.

CALDARA (Polydore), de Caravage.

196. Dessin au bistre, d'un bas-relief antique, dont plusieurs des figures sont endommagées. *Largeur* 0,21; *hauteur* 0,11.

CHAPRON (Nicolas).

197. Satyre jouant de la flûte à côté de sa femelle, leurs petits sont devant eux. A la plume et lavé de bistre. *Largeur* 0,19; *hauteur* 0,10.

CHAUDET (Antoine-Denis), peintre et statuaire, né en 1763, à Paris, où il est mort en 1810.

198. Naïade couché au bord d'un fleuve coulant au pied de montagnes couvertes de glaçons, entre lesquelles est plantée l'enseigne impériale de France. A la plume, légèrement lavé. Forme de médaillon avec exergue portant la signature de l'artiste. Diamètre 0,22.

COURTOIS (Jacques), dit le Bourguignon.

199. Combat de cavalerie, à la plume et lavé de bistre. *Hauteur* et *largeur* 0,12. — Bataille de cavalerie. A la plume et lavé de bistre. *Largeur* 0,32; *hauteur* 0,22.

DANDRÉ-BARDON (Michel-François).

200. La famine bannie de Provence par les soins du ministère en 1746. Au bistre, rehaussé de blanc. *Hauteur*, 0,33; *largeur*, 0,23.

DAVID (Jacques-Louis), né à Paris en 1748, mort à Bruxelles en 1825.

201. Feuille d'études de têtes et de panneau d'ornements. A la plume. *Hauteur*, 0,28; *largeur*, 0,19.

DE BRAY (Salomon).

202. L'Annonciation. A la sanguine et à l'encre de Chine. Il est signé S. D. Bray, 1641. — *Très beau. Hauteur*, 0,23; *largeur*, 0,18.

DELLA BELLA (Étienne).

203. Deux cent soixante dessins de ce maître, la plupart à la plume et comprenant des sujets variés, des animaux, des

caprices et des ornements. Plusieurs ont été gravés à l'eau-forte par leur auteur. Cet article sera divisé.

DUFRESNOY (Charles-Alphonse).

204. Chef d'armée ramené mort dans un char, environné d'un nombreux cortége. A la plume et à la sanguine et lavé de bistre, dans un rond. *Diamètre*, 0,21.

DU SART (Corneille).

205. Vue d'un intérieur dans lequel un joueur de violon et un joueur de flûte accordent leurs instruments. Au pinceau, de plusieurs couleurs. Il est signé *Corn. Dusart, fe.* 1680. De la plus grande fraîcheur. *Hauteur*, 1,018; *largeur*, 0,15.

FABRE (François-Xavier), né en 1766 à Montpellier, où il est mort vers 1840.

206. Sainte-Famille. A la plume, lavé de bistre. *Hauteur*, 0,22; *largeur*, 0,16.

207. Saint Jérôme en prière. Au bistre. *Hauteur*, 0,15; *largeur*, 0,13. — Feuille d'études de têtes. A la plume. *Largeur*, 0,29; *hauteur*, 0,20.

FLAMEN (Albert).

208. Deux paysages: l'un à la plume, l'autre au pinceau, où domine le bistre, sur vélin.

GAGNEREAUX (Benigne), né à Dijon en 1756, mort à Florence en 1795.

209. Paysage où l'on voit la déesse Flore distribuant des fleurs à des enfants qui en tressent des couronnes. A la plume et à la sépia. *Largeur*, 0,29; *hauteur*, 0,24.

GASPRE-POUSSIN (Gaspard DUGHET, surnommé).

210. Paysage orné au fond de fabriques italiennes. A la plume. *Largeur*, 0,34; *hauteur*, 0,22. — Hercule tuant le dragon

qui gardait le jardin des Hespérides. A la plume, lavé au bistre. *Largeur*, 0,13; *hauteur*, 0,08.

GILLOT (CLAUDE).

211. Trois hommes s'entretenant au pied d'un arbre. A la sanguine. *Largeur*, 0,20; *hauteur*, 0,15.

GOUJON (JEAN).

212. Trophée d'armes animé de quatre figures enchaînées au bas. A la plume et lavé d'indigo. *Largeur*, 0,40; *hauteur*, 0,17.

GREUZE (JEAN-BAPTISTE).

213. Tête de vieillard aux trois crayons. *Hauteur*, 0,31; *largeur*, 0,23.

214. Études de deux têtes de jeunes filles, de la figure en demi-corps d'une jeune dame et d'un pan de draperie. Aux crayons noirs et blanc, sur papier gris.

215. Étude d'une jeune fille avec un chien. Au bistre, sur papier blanc. *Largeur*, 0,29; *hauteur*, 0,20.

HUET (JEAN-BAPTISTE).

216. Cinq dessins. Compositions et animaux. Ils sont datés de 1780, 1783, 1787, an VII et an IX.

JOUVENET (JEAN).

217. Jésus-Christ ressuscite un mort. Esquisse à la plume.

LA FAGE (RAIMOND).

218. La Tentation de saint Antoine; sujet de six figures. A la plume et lavé d'indigo, sur vélin. *Largeur*, 0,40; *hauteur*, 0,22.

219. Agar dans le désert. A la plume et lavé d'indigo. *Largeur*, 0,14, *hauteur*, 0,19.

220. Notre-Seigneur à la Piscine, Jésus-Christ et la Samaritaine, la communion de saint Jérôme. Trois dessins à la plume.

221. Mars et Vénus surpris par Vulcain. A la plume et lavé d'encre de Chine. *Largeur*, 0,47; *hauteur*, 0,30.

222. Jupiter et Mercure chez Philémon et Baucis. A la plume et lavé. — Pan faisant danser trois nymphes. — Phébus sur son char. — Portrait d'homme en buste. — Feuille d'études, contenant la tête et le bras appuyé du gladiateur mourant, la tête du Laocoon et les pieds des groupes du Tibre et du Nil. Ces quatre dessins sont à la plume sur papier blanc.

LANTARA (Simon-Mathurin).

223. Paysage présentant des hautes montagnes couronnées de fabriques et de verdure, au pied desquelles coule une rivière qui tombe en cascade, à droite, parmi des rochers. A la pierre noire, sur papier bistré. *Hauteur*, 0,22; *largeur*, 0,15.

LA TOUR (Maurice-Questin de).

224. Femme qui se chauffe les mains sur un poêle. Aux trois crayons. *Hauteur*, 0,18; *largeur*, 0,14.

LE BRUN (Charles), premier peintre de Louis XIV.

225. Étude de la tête de la femme de Darius. Aux crayons noir et blanc, sur papier gris. *Hauteur*, 0,40; *largeur*, 0,33.

226. Étude d'un ange. Au crayon noir, sur papier gris. *Largeur*, 0,41; *hauteur*, 0,23. — Phébus quittant son char, sujet de plafond. Aux crayons noir et blanc, sur papier gris. En octogone. *Largeur*, 0,44; *hauteur*, 0,41.

Voyez pour un autre dessin du maître le n° 281.

LEMOINE (François), premier peintre de Louis XV.

227. Composition allégorique pour plafond. A la sanguine, sur papier blanc. *Hauteur*, 0,25; *largeur*, 0,20.

LE SUEUR (Eustache).

228. Étude d'un anachorète en prière devant une tête de mort.

A la sanguine. *Hauteur*, 0,33; *largeur*, 0,21.

229. Quatre anges dirigés à droite, sujet de plafond. Au crayon noir, lavé d'encre de Chine. *Largeur*, 0,23; *hauteur*, 0,15.

230. Saint Bruno transporté au ciel. Au bistre et à l'encre de Chine. *Hauteur*, 0,26; *largeur*, 0,18.

231. Sainte Marthe aux pieds du Sauveur. Au bistre. *Hauteur*, 0,17; *largeur*, 0,13.

Voyez pour un autre dessin du maître le n° 281.

LIVENS ou LIEVENS (JEAN).

232. Étude d'arbres, avec village dans le lointain. A la plume de roseau, d'une encre bistrée. Il est signé *Jean Lievans f.* *Hauteur*, 0,31; *largeur*, 0,25.

LORRAIN (CLAUDE GELLÉE, surnommé CLAUDE le).

233. Jonas sorti du ventre de la baleine. A l'encre de Chine et au bistre. *Largeur*, 0,18; *hauteur*, 0,14.

234. Le même sujet différemment rendu. A l'encre de Chine, sur papier gris. *Largeur*, 0,25; *haûteur*, 0,18.

235. Paysages avec fabriques dans le fond, au pied desquelles coule une rivière portant bateau. Un homme est assis au milieu du bas et deux figures marchent à droite au sommet d'une colline. Au bistre et à la plume noire. *Largeur*, 0,18; *hauteur*, 0,15.

236. Autre paysage avec montagnes dans le fond. Quelques bâtiments rustiques se voient sur le second plan, vers la gauche. A droite, s'élève une montagne ornée d'arbres. Au bistre. *Même dimension.*

237. Beau paysage baigné par une rivière qui le traverse et au bord de laquelle, sur le devant, se voit un bouquet de gros arbres et un chevrier gardant son troupeau. Au-delà de la rivière, qui les réfléchit, s'élèvent de riches fabriques environnées de plantations. A l'encre de Chine et au bistre. *Largeur*, 0,31; *hauteur*, 0,22.

LUCAS DE LEYDE.

238. Jésus-Christ amené devant Pilate. A la pierre noire. Il provient de la collection *Hamal*. *Hauteur*, 0,22; *largeur*, 0,15.

MACHI (PIERRE-ANTOINE de).

239. Vue intérieure d'un palais de riche architecture. A la plume et au pinceau. *Hauteur*, 0,25; *largeur*, 0,19.

NANTEUIL (ROBERT).

240. Buste de la sainte Vierge, dans un ovale. A la mine de plomb, sur vélin. Il est signé *R. Nanteuil F. Parisiis, an° 1654*. *Hauteur*, 0,18; *largeur*, 0,14.

NATTIER (JEAN-MARC).

241. Bacchus et Ariane dans l'île de Naxos. Aux trois crayons et rehaussé de pastel, sur papier gris. *Hauteur*, 0,25; *largeur*, 0,21.

NICOLLE (VICTOR-JEAN).

242. Vue intérieure de l'église de la Maggiore, à Marseille. A l'aquarelle, sur papier vélin. *Largeur*, 0,25; *hauteur*, 0,19.

243. Vue de l'arc-de-triomphe de Septime-Sévère, prise de la descente du Capitole. A l'aquarelle, sur papier vélin. *Largeur*, 0,31; *hauteur*, 0,20.

244. Vue du Temple de Vesta, au bord du Tibre, à Rome. *Idem*. *Même dimension*.

245. Temple de Neptune, près du Parsilipe. A l'encre de Chine. *Hauteur*, 0,26; *largeur*, 0,22.

PARROCEL (JOSEPH).

246. Choc de cavalerie. A la plume et lavé d'encre de Chine. *Largeur*, 0,32; *hauteur*, 0,24.

PARROCEL (CHARLES).

Attaque de cavalerie. A l'encre de Chine.

PARROCEL (Ignace-François).

Tersycore faisant danser un enfant, en présence d'Uranie et de Calliope. A la plume et lavé d'encre de Chine.

PASSE (Crispin de).

247. Portrait en regard d'Honoré d'Urfi et de Diane de Châteaumorand. A la plume, lavé de bistre. *Largeur*, 0,20; *hauteur*, 0,13.

PATEL (A.-P.), dit le Père.

248. Superbe paysage orné d'architecture et d'arbres variés, traité dans le goût de Claude le Lorrain. Au pinceau, de plusieurs couleurs, sur papier gris. Il est signé PATEL *f.* *Largeur*, 0,41; *hauteur*, 0,26.

PENNI (Lucas).

249. Deux dessins faisant pendant, à la plume, lavés d'encre de Chine, représentant l'un une femme qui chante en s'accompagnant de la guitare, et l'autre, une femme jouant de la basse. Celui-ci est connu par la gravure qu'en a fait *René Boivin*. Tous deux sont signés L. PENNIS. *Largeur*, 0,23; *hauteur*, 0,13.

PERCIER (Charles), architecte, né à Paris vers 1774, mort en la même ville vers en 1840.

250. Deux médaillons emblématiques à la gloire de Napoléon, représentant chacun quatre villes personnifiées lui offrant des clés dans l'un, et dans l'autre, les abandonnant à son aspect.

PERRIER (François).

251. Le Christ mort. Il est soutenu par sa sainte mère. La montagne du Calvaire est dans le lointain. A la pierre noire, rehaussé de blanc, sur papier bistré. *Largeur*, 0,27; *hauteur*, 0,20.

PIERRE (JEAN-BAPTISTE-MARIE), premier peintre du roi, né en 1715, à Paris, où il est mort en 1789.

252. Dame assise sur une chaise, dans la campagne. A la pierre noire, au crayon blanc et lavé de bistre. Forme ronde. *Diamètre*, 0,20.

PORBUS (FRANÇOIS, 1er du nom).

253. Un officier l'épée à la main. A la plume, lavé d'encre de Chine. *Hauteur*, 0,11; *largeur*, 0,06.

POTTER (PAUL).

254. Morceau exécuté dans le goût de ce maître, représentant une vache dans un pâturage. Au bistre, sur papier de Chine. *Largeur*, 0,24; *hauteur*, 0,19.

POUSSIN (NICOLAS).

255. Vénus et Adonis. Au trait. *Largeur*, 0,36; *hauteur*, 0,26. — Paysage dans lequel on remarque une femme accoudée et un homme assis sur une espèce de parapet. Le paysage paraît être du Bolognèse, mais les figures sont dans le goût de notre maître. A la plume, lavé au bistre, *Largeur*, 0,25; *hauteur*, 0,20.

856. Jupiter enfant confié aux soins des corybantes. A la sanguine et lavé au bistre. *Largeur*, 0,26; *hauteur*, 0,20. — Études de figures nues. A la sanguine. *Largeur*, 0,21; *hauteur*, 0,16.

257. Sujet difficile à expliquer représentant un vieillard assis sur une chaise antique, auquel une femme montre un ange devant lui. Une autre femme en pleurs se voit derrière le vieillard, à côté de la première. Le fond est orné d'architecture. A la plume et légèrement lavé d'encre de Chine. *Hauteur*, 0,15; *largeur*, 0,09.

258. L'adoration des bergers. A la sanguine et lavé au bistre. *Hauteur*, 0,24; *largeur*, 0,19.

259. Deux hommes nus, placés en face l'un de l'autre, s'entr'aident à faire choir une colonne qui était plantée sur

le sol. A la plume et lavé de bistre. *Largeur*, 0,19; *hauteur*, 0,13.

Voyez pour un autre dessin du maître le n° 281.

PUGET (Pierre), peintre et sculpteur.

260. Buste d'homme tête nue et tourné de profil, à droite. A la plume et à la sanguine. *Hauteur*, 0,18; *largeur*, 0,16.

261. Marine. On voit sur la mer deux vaisseaux et une chaloupe. A la plume, sur vélin. *Largeur*, 0,49; *hauteur*, 0,37.

262. Marine. On voit sur la mer deux vaisseaux et une chaloupe, disposés autrement que dans le morceau qui précède. A la plume et lavé d'encre de Chine, sur vélin. Il est signé PVGET, à côté d'un écusson à la droite du bas et a fait partie de la collection de *J.-P. Mariette*. *Largeur*, 0,45; *hauteur*, 0,27.

QUELLINUS (Jean-Erasme).

263. La Sainte-Famille au pied d'un temple corinthien. Composition de neuf figures. Au pinceau, de plusieurs couleurs, sur papier bleu. Il est signé et porte la date de 1670. Cintré du haut. *Hauteur*, 0,35; *largeur*, 0,26.

RAPHAEL D'URBIN.

264. Sacrifice à Priape, composition de cinq figures; à la plume et au bistre. *Largeur*, 0,20; *hauteur*, 0,11.

ROBERT (Hubert).

265. Temple antique environné d'arbres au bord d'une rivière. Un pêcheur se voit sur le devant. A l'aquarelle. Dans un rond. *Diamètre*, 0,10.

ROMEYN (Guillaume Van-).

266. Troupeau de vaches et moutons, dans une riche campagne, ornée au fond d'arbres et de fabriques. Le berger est couché à gauche, vers le bas. Très beau dessin à

l'encre de Chine. Signé WROMEYN. Il est de la plus grande fraîcheur. *Largeur*, 0,31 ; *hauteur*, 0,22.

THIENON (M.), *artiste vivant.*

267. Charmant paysage dont le fond est baigné par une rivière faisant maints circuits. Sur le second plan, à droite, on voit deux femmes faisant des signes d'intelligence à un homme et à une femme étant sous une espèce de tonnelle, vers la gauche du haut. A l'aquarelle. Il est signé. *Largeur*, 0,21 ; *hauteur*, 0,16.

TOPFER (A.)

268. La famille. Une jeune femme donne à boire à un enfant près d'un père assis qui contemple cette scène. La scène a lieu au milieu du devant, au pied d'un chêne. A l'aquarelle. Il porte le chiffre du maître. *Largeur*, 0,37 ; *hauteur*, 0,29.

269. Femme lavant du linge à l'entrée d'une forêt. A la sépia. Il porte le chiffre du maître. *Largeur*, 0,44 ; *hauteur*, 0,35.

VAN DE VELDE (ADRIEN).

270. Deux moutons et études de différentes parties d'un troisième. A la sanguine. Il est signé A. V. V. *Largeur*, 0,26; *hauteur*, 0,15.

271. Paysage traversé par une rivière cotoyée par un berger et son troupeau. Un dessinateur vu par le dos est assis à gauche au bord de l'eau en face de constructions ruinées. A l'encre de Chine, sur papier blanc. *Largeur*, 0,18; *hauteur*, 0,12.

VAN DYCK (ANTOINE).

272. Composition dans le goût de ce maître représentant Jésus-Christ descendu de la croix et pleuré par la sainte Vierge, la Madeleine et saint Jean. Au bistre rehaussé de blanc. *Hauteur*, 0,19 , *largeur*, 0,12.

VERNET (Joseph).

273. Paysage avec un pont de pierre fortifié. Sur le premier plan, vers le milieu, un homme à cheval dirigé à droite est suivi de son chien. A l'aquarelle. *Largeur*, 0,34; *hauteur*, 0,26.

274. Autre paysage traversé par une rivière avec pont de pierre de cinq arches. Un paysan, sur le premier plan à droite, marche d'un pas allongé vers le côté opposé. Au crayon noir. *Largeur* 0,34; *hauteur* 0,23.

VERNET (Carle), fils du précédent.

Charge de cavalerie. A l'encre de Chine sur papier bleu, dans un rond. Diamètre 0,17.

VVATTEAU (Antoine).

275. Femme en demi-corps ayant sa pelisse jetée sur une épaule. Vue par le dos, elle retourne la tête à droite. Aux crayons noir et rouge. *Hauteur*, 0,12; *largeur* 0,11.

276. Tête de femme, les cheveux noués avec un ruban et tournée de profil à gauche. Aux trois crayons, sur papier gris. *Hauteur*, 0,15; *largeur*, 0,12.

277. Deux bustes d'hommes. L'un exprime la douleur, et l'autre, dans l'attitude de l'observation, a le cou garni d'une fraise. A la sanguine. *Largeur*, 0,19; *hauteur*, 0,14.

278. Buste d'homme dans le style de Van-Dyck. Il est tourné à gauche. Aux crayons noir et rouge. *Hauteur*, 0,21; *largeur*, 0,19.

279. Homme et femme dans le style de Paul Véronèse. Ils sont en buste et tournés à droite. Aux crayons noir et rouge. *Hauteur*, 0,20; *largeur*, 0,18.

280. Officier le bras en écharpe, marchant vers le spectateur, appuyé sur son épée. A la sanguine. *Hauteur*, 0,26; *largeur*, 0,19.

281. Trois dessins montés l'un sur l'autre sur la même feuille. Le 1er est de *Charles Le Brun*. Il représente deux femmes

supportant des festons, et des amours qui en soutiennent d'autres de chaque côté du bas. Le 2e est d'*Eustache Le Sueur*, et offre un encadrement soutenu par deux levriers, environnés d'enfants portant des guirlandes; encadrement du centre duquel on voit le 3e dessin qui est dû à *Nicolas Poussin*, et représente la première pensée du Testament d'Eudamidas(*).

282. Quatre-vingts dessins des trois écoles seront divisés sous ce numéro.

(*) Dans ce dessin, le médecin tâte le pouls comme à l'ordinaire, tandis que dans le tableau il pose la main sur la région du cœur du mourant.

Total du Produit
du Catalogue —— 3,603-25

Frais 12 p. 100 —
à déduire —— 432-50 } 435-50
Ports —— 3

~~Payé à M. Weigel~~ ——

3.167.75

Payé à M. Weigel . 41

~~Total~~ 3-126 75

SUPPLÉMENT.

283. Cinquante-cinq dessins; compositions diverses et études par des maîtres français.

284. Sainte-Famille, dessin à la sanguine; *école de Parme.*

285. Études de petites figures de vierges; joli dessin à la plume, par *A. Figino;* collect. *Denon.*

286. Siège d'une ville et étude de gallère; deux dessins à la plume, lavés au bistre, cabinet de M. Denon.

287. Deux études académiques d'homme; dessin par *Prud'hon.*

288. Tête de jeune fille, par Mlle *Mayer.*

289. Bacchus enfant; dessin par *Boucher;* il est gravé.

290. Tête de vieillard à barbe; dessin par *Greuze.*

291. Scène de comédie; dessin par *Carmontel.*

292. Le retour de la chasse; beau dessin lavé au bistre, par *Carle Vernet.*

293. Le repos des chasseurs; beau dessin lavé au bistre, par *Carle Vernet.*

MARC-ANTOINE.

294. Le jeune et vieux Bacchant; d'après Raphaël.

MASSON (ANTOINE).

295. Le comte d'Harcourt, dit *le Cadet à la perle,* d'après Mignard. *Belle épreuve* du 2e état.

ROULLET.

295 *bis.* La Vierge au raisin, d'après Mignard. *Rare épreuve avant la lettre d'une charmante estampe.*

BOLSWERT (Schelte a).

296. Christ mort, d'après Van-Dyck. *Epreuve de l'édition de G. H.*

BOSSE (Abraham).

297. Costumes et scènes de mœurs sous Louis XIII, et les vierges sages et les vierges folles; treize pièces.

DALEN (Corneille Van).

298. Portrait de Bocace, d'après le Titien. *Superbe épreuve avant la lettre,* d'un morceau estimé du maître.

Portrait de Sébastien del Piombo, d'après ce maître. *Epreuve avant la lettre.*

M. DESNOYERS.

299. La Vierge au linge; d'après Raphaël. *Ancienne épreuve.*

PRUD'HON.

300. Son œuvre en cent quarante pièces, gravées et lithographiées d'après ses compositions, dessins et tableaux. Cette collection intéressante serait difficile aujourd'hui à réunir; elle sera présentée sur table dans son intégrité, et si la mise à prix n'est pas couverte, elle sera divisée.

Les principales pièces dont cet œuvre se compose sont des pièces très rares pour adresses, titres et vignettes d'imprimés pour le ministre de la police générale et le département de la Seine, des vignettes pour Gentil Bernard, dont il a gravé une à l'eau-forte; la famille malheureuse, aussi de sa main; la collection des vignettes pour la Nouvelle Héloïse, la suite de diverses vignettes gravées par Roger pour divers ouvrages; suite de têtes d'études dont plusieurs sont fort rares; figures allégoriques en pieds (les dessins sont chez M. Odiot père); la vengeance de Cérès et suite, gravée par Copia; les vignettes pour Paul et Virginie; les deux génies, d'après le plafond du Louvre; enfin, quantité de sujets gracieux gravés et lithographiés d'après ce maître, et quelques uns par lui-même.

VERTUE (George).

301. La famille du comte d'Arundel, peint par *Fruictier*, d'après Van-Dyck. *Belle épreuve d'une belle et rare pièce.*

VISSCHER (Corneille).

302. Les violonneurs, d'après Ostade. *Ancienne épreuve.*

VOLPATO.

303. L'école d'Athènes, d'après la fresque de Raphaël au Vatican; pièce capitale du graveur et la plus intéressante de la suite. *Très belle épreuve.*

Estampes par divers maîtres.

304. Saint Jérôme, d'après Rembrandt, par *Van-Uliet.* Saint Jérôme, par *F. Bol.* Saint Jérôme, par *Livens*, et trois autres têtes par ces deux derniers maîtres. Six pièces; deux lots.

305. Sujets et portraits; quinze pièces à l'eau-forte, par *Rembrandt.*

306. Soixante-seize pièces; copies d'estampe de *Rembrandt*, et quelques pièces d'après ce maître.

307. Cent quatre-vingt-cinq pièces gravées d'après et à l'imitation de Rembrandt, par *Norblin* et *Claussin;* deux lots.

308. Sujets sacrés, *Ecce Homo*, les apôtres, la danse de la Madeleine, etc.; cinquante pièces gravées par *Lucas de Leyde*, de ce nombre des copies; deux lots.

309. Sujets sacrés et profanes, par *G. Pencz*, *Aldegrever*, *Hopfer*, et diverses copies d'*Albert-Durer.*

310. Trente-sept pièces, par *Lucas de Leyde*, *Albert-Durer*, *G. Pencz*, *Becham*, *Aldegrever*, *Hopfer*, *Virgile Solis*, *Théodore de Bry.*

311. Divers sujets gravés dans le goût de Lucas de Leyde et la Passion, d'après Goltzius; dix-huit pièces.

312. La Nativité, l'Annonciation, sujets allégoriques, etc.; quinze pièces par *Goltzius*, *Saenredam*, *Sadeler*, *Crispin de Passe.*, etc.

313. *Emblemata sacra et præcipus utriusque Testamenti Historiis concinnata et a Petro Vander Burgio, etc., edita a Johanne Philippi Schabaelie*, *anno* 1653, in-fol. oblong, relié en vélin. Rare.

Ce volume contient un grand nombre de figures par *Vander Borcht et Nicolas de Bruyn*, *de Gheyn*, *Collaert*, d'après Goltzius, K. Mander et autres maîtres.

314. Histoire de Suzanne, et emblême par *Abraham de Bruyn* père; dix-neuf pièces.

315. — Les OEuvres de Miséricordes et sujets du Nouveau Testament; douze pièces par *Théodore de Bry.*

316. Titres de livres gravés en bois et sur cuivre, gravés par *Théodore de Bry* et autres artistes du XVIe siècle.

317. Cent dix pièces, d'après des dessins anciens du cabinet de M. Denon, plusieurs gravées à l'eau-forte par lui.

318. Habits de diverses nations, par *Pierre Bertilli;* un volume in-8°, relié en veau, rare.

Portraits.

319. Maréchal de Villeroy, Milon, Samuel, Bernard, le grand Dauphin, F. de la Peyronie; cinq pièces d'après Rigaud, par *Edelinck*, *Drevet et Daullé.*

— Louis XIV en pied, d'après Rigaud, par *Drevet.*

320. François de Mallier, par *Nanteuil*, et Mme de Maintenon, par *Giffart*; deux pièces.

321. Messieurs et Mesdames à la mode, ou les portraits des princes, princesses, seigneurs et dames de la cour de Louis XIV, gravés et publiés du temps par les *Bonnard;* cent vingt-sept pièces, deux lots.

322. Six portraits de personnages français gravés par *Drevet*, *Pitau*, *Natalis*, *Wille*.

323. Portrait de Molière, d'après Sébastien Bourdon, par *Beauvarlet*. *Belle épreuve avant la dédicace enlevée.*

324. Neuf portraits de personnages français, par *l'Enfant*, *Coelmans*, *Chereau*.

325. Portrait d'Albert-Durer, par *Kilian*; Pie IV, avec l'adresse d'*Antoine Lafreri*; autres portraits par *Josse Aman*; cinq pièces.

325. Portraits équestres de Gustave Adolphe et du duc de Saxe, Landgrave; deux pièces rares.

327. Portraits de personnages étrangers, philosophes, artistes, etc., par *Van-Sichem*, *Kilian*, *Boissard*, etc.

328. Soixante-cinq portraits de personnages étrangers, célèbres dans les sciences, les lettres, princes, princesses, généraux, etc., gravés par *Sandrart*. *Kilian*, *Fale*, *Muller*, etc; portraits curieux pour les costumes; quatre lots.

329. Fac-similé d'un dessin de Watteau; 130 pièces. Un vol. in-folio. Rare.

330. Le Coucher, d'après Vanloo, par Porporati; épreuve avant la lettre.

331. Il sera vendu sous ce numéro, au commencement de chaque vacation, plusieurs lots d'estampes non catalogués.

IMPRIMERIE DE TINCHON, RUE J.-J.-ROUSSEAU, 8.

www.ingramcontent.com/pod-product-compliance
Ingram Content Group UK Ltd.
Pitfield, Milton Keynes, MK11 3LW, UK
UKHW020401220726
13923UKWH00004B/1676

9 782019 144043